NOTES

ET

DOCUMENTS

INÉDITS

CONCERNANT

L'ANCIENNE NOBLESSE DU PAYS ET VICOMTÉ DE SOULE

(PAYS BASQUE FRANÇAIS)

NOTES

ET

DOCUMENTS

INÉDITS

CONCERNANT

L'Ancienne Noblesse du Pays et Vicomté de Soule

(PAYS BASQUE FRANÇAIS)

PUBLIÉS PAR

Le comte LE CLERC DE BUSSY

Membre de la Société des Antiquaires de Picardie, de la Société des Études historiques
et d'autres Sociétés savantes.

PARIS

LIBRAIRIE HISTORIQUE DE J. B. DUMOULIN, LIBRAIRE DE LA SOCIÉTÉ
DES ANTIQUAIRES DE FRANCE

13, QUAI DES AUGUSTINS, 13

1874

NOTES ET DOCUMENTS

CONCERNANT

L'ANCIENNE NOBLESSE DU PAYS ET VICOMTÉ DE SOULE

(PAYS BASQUE FRANÇAIS)

Le petit pays de Soule, autrefois pays d'État et vicomté, dont Mauléon est la capitale, est habité par un peuple loyal et valeureux, le peuple basque, le même qui de l'autre côté des Pyrénées, s'est toujours distingué par sa fidélité à ses rois et la défense de ses franchises et de ses priviléges.

On a peu écrit sur la noblesse de ce pays [1]; elle était généralement pauvre et a peu brillé à la Cour.

Parmi les titres que mon ami, M. Édouard de Berterêche de Menditte, m'a communiqués sur sa famille, j'ai rencontré quelques pièces concernant toute l'ancienne noblesse du pays de Soule, que je crois intéressant de publier; j'y joins la description de plusieurs cachets armoriés et aussi quelques notes.

I.

16 avril 1655.

La noblesse du pays et vicomté de Soule emprunte 375 *livres pour les frais d'un procès qu'elle soutient au Parlement de Bordeaux.*

« Aujourdhui seiziesme apvril mil six cens cinquante cinq apres « midi au bout du pont de la ville de Mauléon et dans la maison

[1] La Revue nobiliaire a donné en 1865 un rôle des maisons nobles de la Basse-Navarre au XVIe siècle.

« dicte de Jouannaberro, pardevant moy nore royal soubssigné et « en présence des tesmoings bas nommés ont esté constitués en leurs « personnes Guilhaume Danciondo, escuyer, sieur de Sauguis et « du Domecq[2] de Libarren, Isaac de Charritte aussy escuyer, sr et « potestat dud. lieu, Arman Philippes Avense, aussy escuyer, sieur « dud. lieu, et Laurens de Berreterreche de Menditte, aussy es- « cuyer, sieur dud. lieu, faisant tant pour eux mesmes que pour « Isaac de Belas de Cheraute, Rogier Doyhenard, sieur de Tartas, « Jean Despes, Pierre du Martin, sr de Lasalle de Sibas, et autre « Pierre du Martin sieur du Jorgain, aussy escuyers, et autres « terres nobles tenans et juges jugeant au présent pays et viscomté « de Soulle, à eux adherans et adhérés, voulans lesquels sieurs cons- « titués de leurs grés sollidairement renonceans au bénéfice de di- « vision, ordre de droit et discussion, qls ont dict bien entendre, « ont recogneu debvoir legitimemt la somme de trois cens soixante- « quinze livres à Pierre Dirigoyen, bourgeois de ceste ville, pnt et « acceptant, pour raison d'amiable prest d'argeant que led. sr Dirigoyen « leur a faict presentemt en Louys blancqs et autre bonne monnoye « devant moy d. nore et tesmoings, pour l'employer comme ils ont « dict a subvenir aux frais de certain procès pendant et indécis « devant nosseigneurs de parlemt sur les prerogatives et préséances « en la Cour de Lixarre suivant certain concert et escript particu- « lier des susnommés quy est au pouvoir dud. sr de Sauguis, du « douziesme du présent moys, en conséquence duquel lesd. srs de « Sauguis et Davense ont esté depputés et sont au propre de partir « pour Bourdx, en sorte que lesd. trois cens soixante quinze livres « ont demeuré ès mains desd. sieurs de Sauguis et Dabense, et que « tous lesd. constitués ont promis en la susd. manière solidaire de « rendre et payer lad. somme de trois cens soixante quinze livres « aud. Dirigoyen dans un an a compter de ce jourd'huy avecq lin- « térest d'huy en avant jusques a effectuel payement sur peyne de « tous despens, dommages et interests et soubs obligaon de leurs « biens présens et à venir qu'ils ont soubmis aux rigueurs de jus- « tice, renoncé aux moyens à ce contraire, et juré de ny contreve- « nir, en présence de Me Pierre Darrain, ptre, curé de Sibas, et « Arnaud de Bichoué, praticien, habitanz dud. Mauleon et Lixarre

[2] Ce nom est ici écrit sans lettre majuscule, de même qu'un très-grand nombre d'autres, dans les titres originaux; j'ai mis partout des majuscules dans ma copie.

« tesmoings, quy ont signé à loriginal avecq lesd. s^rs^ constitués, de « ce faire requis par moy.

« Signé : de Beloscar, no^re^ royal. »

II.

1er OCTOBRE 1666.

Répartition entre les membres de la noblesse du pays de Soule, de la somme ci-dessus.

La somme empruntée le 16 avril 1655, n'ayant pas été payée à son échéance, des poursuites furent exercées contre les débiteurs contractans. Laurent de Berreterreche de Menditte, écuyer, dans une requête qu'il adresse aux juges de la Cour de Lixarre, en 1662, expose que *le pays estant epuisé d'argent à l'occasion des dernières guerres et mouvements*, *la disette en est grande*, il offre de payer *en bon bestail ou fonds de terre a dire dexpert*, ou demande un délai. En 1666 seulement l'assemblée de la noblesse fait entre ses membres la répartition de ladite somme encore due, en principal et intérêts ; en voici le procès-verbal :

« L'an mil six cent soixante six, le premier jour doctobre, nous « soubssignez gentilzhomes, juges jugeans du p^nt^ pays de Soule, « assemblés au parquet de la Cour de Lixarre, en conséquence des « assignaons a nous données en vertu de la délibéraon prise « entre nous du vingt quatriesme de septembre dernier, pour pro- « céder au régalem^t^ de la somme de trois cens septente cinq livres « ts de principal empruntée par Messieurs de Sauguis, de Bere- « terreche, Davense et de Charritte, au s^r^ Pierre d'Irigoyen, bour- « geois de Mauléon, par contract du seiziesme avril mil six cens « cinq^te^ cinq, retenu par de Besloscar notr^o^ royal po^r^ icelle somme « estre employée par Messieurs de Sauguis et Davense desputtez « par Messrs de la noblesse po^r^ aller en la ville de Bourd^x^ à la pour- « suitte des proces pendans en la cour de parlem^te^ entre lesd. s^rs^ « de la noblesse et les s^rs^ advocats de la pnte cour d'une part et le

« s^r Salamon de Belasopet, baillif royal de la ville de Mauléon, de « laquelle somme de trois cens septante cinq livres lesd. s^rs de Sau- « guis et Davense en ont faict voir lemploy à la pnte assemblée et « parce q. les ints de la susd. somme faute de paiem^t sont dues po^r « huict années et huict moys montant deux cens seze livres treze « sous quattre deniers et les despens des saisies exemtions et autres « despens montant a quarante une livre et le tout tant principal « ints q. les despens d'exemtions a six cens trente deux livres, la « pnte assemblée a delibéré et delibere de fre le Régalem^t de la susd. « somme de six cens trente deux livres ts sur un chascun des juges « jugeans du pnt pays, lequel regalem^t a esté faict en quattre de- « grés et sans quicelluy puisse estre tiré a conséquence po^r les le- « vées a fre par cy apres, dautant q. les degrés doibvent estre en « plus grand nombre et q. plusieurs maisons nobles qui seroient « contribuables néanmoins elles ne sont pas comprises po^r le pnt « po^r des raisons quil y a, lequel regalem^t est soubs inséré en « la forme q. sensuit, savoir les Maisons Dossarain, de Gestas, « Domesain, Doyhenard, de Charritte, Despes, Davense, Daroue, « de Sauguis avecq Libarren, Lasale de Gautain, Ruthie, Atagui, « avecq Laccari, Amitchalgum, Domecq de Sibas avecq Rutigoiti, « qui sont du premier degré, payeront chascune vingt une livre. « Les Maisons de Rimain, de Domesain, Beretereche, Suhare, « Irigarai d'Alsai avec Etcheberri de Mendite, et Gentein, payeront « chascune dix sept livres, qui sont du second degré. Celles Dolha- « sarri, Delisague, Doniz Mendi, de Carrere, Domecq de Vidos, « Ahetse d'Ordiarp, Garat, La Sale de Sibas, Domecq de Sibas, « qui sont du troisième degré payeront chascune quatorze livres; « celles de Berho, de Golard, de Saldun, de Barreche, Jaureguiberri « de Libarren, Behere de St-Estienne, Sale dud. lieu, Laxagne de « la Guinge, Etchecopar de Restoue, Undurain Dhaux, Etchebarne « Dalsabeheti, Mendrisquet Dalos, Jaurgain Dossas, Jaureguiberri « de Menditte, Jaureguiberri Dundurain, la Sale de Rivarreyte et « Dothegain, qui sont du dernier degré, payeront chascune huict « livres dix souls ts. A quoy lad. assemblée a adhéré et sest soubmis « chascun à payer sa part et cotité dans deux moys sans interest « po^r chascun qui payera sad. cotité dans led. delai et sans q. lun « soit tenu de la part de lautre ains led. s^r de Sauguis en faira la « colette du tout et sera tenu doctroyer aquit pur et simple a un « chascun qui lui payera sad. cotité et sans attandre le payem^t du

« total, ce quil a offert fre, de quoy et du tout lad. assemblée a faict « le pnt acte et signé.

(Signé :) « Danciondo Sauguis.
« Philippes Abence.
« Du Martin Lasale.
« Bereterreche, sans conséquence.
« Hegoburu Laxague.
« Donis Mendy.
« Jaureguiberry.
« Du Martin Jorgain.
« De Jaureguiberry.
« Suhare. »

Les signatures originales ci-dessus se trouvent au bas de l'acte qui précède, qui fut signifié le 1er juin 1700 à M. Jean-Pierre de Casenove, procureur du sieur Du Ruthie. Ladite signification signée D'Arthaguy.

Cet acte avait été envoyé au sieur de Bertereche par M. de Sauguis, avec la lettre suivante :

« De Sauguis, le 6 octobre 1666.

« Monsieur,

« Je vous envoye la copie cy incluse de nostre regalement afin « que vous faissiés des diligences en vostre quartier, jen envoye « autant a Mr Davense pour le sien. Mon voyage mobligera de « prier quelquun de mes amis de faire le recouvrement des taxes « de mon quartier, jy mestray tel ordre avant mon partement que « ma presance ny sera pas nécessaire. En faisant faire lesdites « copies je me suis advisé que les Maisons de Jaureguisahar de « Mendite et Darrocain de Garindein ont esté obmises en nostre « regalement, il fault néanmoins les coucher et leur demander a « chacune de ces maisons 8 l. 10 s. pour moy jay desja fait entendre « a Mr Dirigaray quil estoit de ma volonté et quil avait esté taxé « a 8 l. 10 s. Il vous plaira de faire tenir mon pacquet a Mr Davense « par ladresse du Marché de Mauléon. Je crains que le recouvrement « du total de la somme ira loing et que Mr de Chuando pbre nous « pressera au payement des intheres des trois annees expirées. Pour « le satisfaire il me semble que nous devons luy payer les susdits

« intherets des premiers deniers que nous recouvrerons, sur quoy « je tiendray pour fait ce que vous et Mr Davense ferez, vous asseu- « rant tousiours que je suis,

« Monsieur,

« Vostre très-humble et obeyssant serviteur,

« (Signé :) DANCIONDO SAUGUIS. »

III.

6 ET 7 MARS 1667.

Nomination d'un chanoine de l'église collégiale de Ste-Engrace, prise de possession et réception In fratrem.

« Auiourdhuy siziesme mars mil six cent soixante sept, environ « l'heure de trois d'apres midy en l'église collégiale de Ste-Engrace « et dans le cœur d'icelle ont esté pns en leurs personnes messieurs « Mes Pierre de Charritte, abbé, Valentin de Luxe Jorgain, Zans « de Bonnecase, Pierre d'Arbel, Pierre de Carrique, Pierre de « Carricart, Pierre d'Undurain, Pierre de Sibas, Chouhourt et « Bernard de Çaro, chanoines en ladite église collégiale, qui ont « dict que suivant l'acte de déliberation prins ce jourdhuy retenu « de moy nore royal pour nomer et eslire un chanoine an lieu et « place de fu Mr Me Arnaud de Conget, parce que la chanoinie « dud. fu sr de Conget vaque par sa mort, lesquels srs chanoines, « après avoir observé toutes les solemnitez au cas requises et néces- « saires, après qu'ils ont faict soner la cloche en la forme acoustu- « mée et estans entrés a ce lieu capitulaire pour tenir chapitre, « tost apres ayans invoqué le Sainct Esprit, chanté *Veni Creator* « et s'estans levés et remis en leurs sieges, ont d'un comun accord « et voix nommé et créé au lieu et place dud. fu sr de Conget, « dernier titulaire et possessur dudit canonicat Me Menaud de « St-Martin d'Urrutie, habitant d'Ausurucq, lequel jouira et pos- « sedera icelle chanoinie aux mesmes honneurs, priviléges, droicts « et profits que souloit posseder ledit fu sr de Conget dernier titu- « laire et ses prédécesseurs, a la charge par luy de garder et obser- « ver a son possible les droicts et estatuts du dit chapitre, luy ayant

« conféré le pnt titre comme estans lesdits srs abbé et chanoines en « droict et possession depuis tout temps et mémoire perdue en ça « estans collaturs ordinaires et en droict de nomer et conférer apres « quoy ayans chanté le *Te Deum laudamus,* en marque de remer- « ciement, lesdits Srs du Chapitre, pour mettre en possession ledit « sr de St-Martin rutie dudit canonicat, ont commis Me Mathias « d'Arbel, curé du pnt lieu et du tout ont requis acte a moy dit « nore et leur secretaire soubs signé, pns les tesmoings bas nommés « qui leur ay octroié, faict en pnce de Me Jean de Harlepo, prestre, « et Laurenco de Suhurt, habitans du pnt lieu, tesmoins qui ont « signé a l'original avec les dits srs abbé et chanoines sus només et « moy. Ainsy signé, Bichoué, nore royal.

« Et le mesme jour, apres midy, devant moy dit nore pns les tes- « moins bas nommés, au devant de la porte de la dite église collé- « giale, s'est pnté en sa personne ledit sr Menaud de St-Martin d'Ur- « rutie, chanoine de Ste Engrace sus-nommé, qui a dict que par acte « capitulaire de ce jourdhuy retenu de moy dit nore, lesdits srs du « Chapitre l'auroient nommé pour chanoine de la dite église, parce « qu'icelle chanoinie vaquoit par le déces dudit fu sr de Conget, der- « nier titulaire, dans lequel susdit acte les dits srs du Chapitre ont « expédié le titre dudit Canonicat audit ss de St-Martin Rutie, comme « estans patrons collateurs et en possession de l'expédier depuis tout « temps, lequel sr de St-Martin Rutie a requis a Me Mathias d'Arbel, « ptre curé du pnt lieu, de le mettre en possession realle actuelle et « corporelle dudit canonicat, droits, profits, esmolumens et hon- « neurs en dependans par vertu et suivant ladite nomination et « election, et apres que ledit sr Arbel a leu ledit titre au long il a « mis au dit sr de St Martin Rutie en la possession réalle, actuelle « et corporelle dudit canonicat, droits, honneurs et profits en dep- « pendans, par ouverture de la grande porte de ladite église, prinse « d'eau benitte, sonnement de cloche, lecture du grand missel au « grand autel, prinse de siege au cœur ayant le surpelis dessus avec « toutes les autres formes et solemnités au cas requises et néces- « saires, de quoy et du tout ledit sr de St-Martin Rutie a requis acte « à moy dit nore qui luy ay octroié pour le dheub de ma charge. « Faict en pnce de Menaud d'Oilloqui dit esquer du pnt lieu, et Ar- « naud de Garicoix, habitant à Sibas, tesmoins. Lesd. srs d'Urrutie « et d'Arbel ont signé à l'original, ce que n'ont faict lesdits témoins « pour ne sçavoir escrire, de ce faire requis par moy.

« Auiourdhuy septiesme mars mil six cens soisante sept avant « midy, dans le cœur de l'église collégiale de Ste en Grâce, par « devant moy no^re^ royal soubssigné, pn̄s les tesmoins bas nommez « a esté pn̄t et constitué en sa personne Mr Me Menaud de St-Mar- « tin d'Urrutie, ptre, chanoine de la dite église, et curé d'Ausurucq, « lequel parlant à Messieurs Mes Pierre de Charritte, abbé de la- « dite église, Valentin de Luxe Jorgain, Zans de Bonnecase, « Pierre d'Arbel, Pierre de Carrique, Pierre de Carricart, Pierre « d'Undurain, Pierre de Sibas, Jean de Chouhort et Bernard de « Çaro, chanoines en ladite église collégialle, capitulairement assem- « blés, leur a dict et représenté que par acte du jour d'hier, retenu « de moy dit no^re^, il a esté nommé eslu et créé chanoine en la « place de fu Mr Me Arnaud de Conget, quand vivoit der- « nier titulaire, dans lequel susdit acte lesdits s^rs^ abbé et chanoines « luy ont donné le titre au cas requis comme estans *pleno jure* pa- « trons et collaturs et en possession de le faire depuis tout temps et « mémoire perdue en ça, en outre duquel titre ledit s^r^ de St-Mar- « tin rutie a prins la possession dudit canonicat et d'autant que « ledit s^r^ d'Urrutie désire d'estre receu *In fratrem* pour avoir voix « au Chapitre et jouir des honneurs, attributs, fruicts et proficts au « dit Canonicat appartenans, il supplie lesdits s^rs^ abbé et chanoines « sus nom̄ez de le vouloir recevoir *In fratrem et canonicum*, et « apres que lesdits s^rs^ de Charritte, abbé, de Luxe Jorgain, de « Bonnecase, d'Arbel, de Carrique, Corricart, Undurain, Sibas, « Chouhort ont veu et meurement considéré tout ce dessus, et con- « formément au concille de Trante, pour faire la profession de la « Loy, faict dire le *Credo* au dit s^r^ d'Urrutie, et qu'iceluy s^r^ a juré « estant à genoux entre mains desdits s^rs^ du Chapitre, de bien et « fidelement garder et observer les biens et honneurs dudit Cha- « pitre et de tenir comme bon confraire le secret des délibérations « capitulaires, ont lesdits s^rs^ abbé et chanoines susnommés, de leur « bon gré et volonté receu ledit s^r^ d'Urrutie *In fratrem et canonicum*; « donné voix en chapitre, siege au cœur, pour par luy jouir des « honneurs, attributs, fruicts, profits et esmoluments audit cano- « nicat appartenans et appartenir pouvans, avec les charges et « obligations, de quoy ledit s^r^ d'Urrutie les a tres humblement « remerciez et de tout ce dessus a requis acte a moy dit no^re^ qui « luy ay octroyé pour le dheub de mon office. faict en pn̄ce de don « Laurenço Suhurt du pnt lieu et Arnaud de Jaureguy de Lixans,

« tesmoins qui ont signé à l'original avec lesdits s[rs] susnommés et « moy. Signé Bichoué, no[re] royal.

—

« Le quatriesme may mil six cens soixante sept, à Licharre, « les susd. actes ont esté insinués et enregistrés es registres des « Insinuations et. . . . . de Soule par moy :

« (Signé :) *Beloscar*, greffier des insinuations
« et hipothèques de Soule. »

IV.

27 JANVIER 1696.

L'assemblée de la noblesse du pays de Soule députe le s[r] de Bereterreche, l'un de ses membres, vers l'Intendant de Guyenne pour obtenir une exemption de capitation.

« Aujourd'huy vingt deuxiesme du moys de janvier mil six cens « quatre vingts seize, en l'assemblée de la noblesse du pays de Soule, « tenue au parquet de Licharre et duement convoquée par le sieur « d'Oyhert, scindic de la noblesse, en laquelle ont assisté Messieurs « de Belacheraute, de Belaspet, d'Urrutie, de Lasalle de Gottein, « d'Oyert, d'Urrutigoiti, de Lasalle de St-Estienne, de Jauregui- « sahar de Menditte, de Balosegain, d'Arhez, de Saldun, de Jauri- « goyen et de Bereterreche. Led. s[r] d'Oyert ayant represanté que « lad. noblesse a esté capitée contre un contract que nous avons « passé avec le Roy, qui est la coutume de ce paìs, art. I et II, se- « lon lesquels nous somes examps de capitation, outre cela on nous « a capité au delà de nos forces. Le Tiers Estat pretend la rendre « contribuable aux neuf cens livres que le Roy demande aux habi- « tans de Soule pour le franc aleu. Lad. assamblée, apres meure « deliberaon a Député led. s[r] de Bereterreche vers Monseig[r] de « Besons, intendant de Guienne, pour le supplier de nous obtenir « de Sa Maiesté une examption de ceste capitation, du moins vou- « loir moderer la Taxe a six livres, attandu que la noblesse de « Soule ne possede pas fief ny chateau, et de ne nous comprandre « pas avecq le Tiers Estat au franc aleu, pour les raisons contenues « aux mémoires qu'on luy a baillés, lad. assamblée a promis de

« payer aud. s^r^ député ses frais, journées et vacations et a fait les « obligations, soubmissions, renontiations et serement au cas re- « quis et accoutumé, dont et du Tout acte a esté octroyé et de ce « que lesd. s^rs^ de l'assamblée ont signé.

« (Cet extrait est signé) : BELASPAT. »

V.

Rôle de la dite capitation de la noblesse.

« Rolle de cappitation de la noblesse :

Classe	Noms	Total
« Première classe	Monsieur de Trois Villes Monsieur de Moneins Monsieur de Domecq Cheraute	500 : [1]
« Seconde classe à 36 :	Monsieur d'Ossarein Mr d'Oyhenart Mr d'Espes	108 :
« 3me classe à 31 :	Mr de Charitte Mr de Gotain Mr de Sauguis Mr de Suhare Mr de Conget Mr de Sibas Mr de Çaro	217 :
« 4me classe à 21 :	Mr de Belapuy Mr de Rimain Mr d'Oyhercq Mr d'Advense Mr de Belaspet Mr de Laruns Mr de Bereterreche Mr de Rutie Mr d'Irigaray d'Alsay Mr de Gestas	210 :

[1] Dans cette pièce les *Livres* sont indiquées par deux points.

« 5me classe à 16 :	Mr de Jorgain Mr d'Olhassary Mr de Cazemajor Mr d'Onismendi Mr d'Arhez Mr d'Etchecapar de Restoue Mr de Laxague Mr d'Uhalt Mr de la Salle de Sibas	144 :
« 6me classe à 13 :	Mr de Gollart Mr d'Ellisague Mr de Saldun Mr d'Ahexe Mr de Behere Mr d'Etchebarne Mr de Jaureguy Sahar	91 :
« 7me classe à 10 : 15s [1]	Mr de la Salle Ribareitte Mr de Garat Mr de Jaureguiberry d'Undurein Mr de Berho Mr de Recalt [2] Mr de Domecq de Viedos Mr de Roquein [3] Mr de Jaureguiberry d'Irybareins [4] Mr de Jaureguiberry de Mendite Mr de la Salle de St-Estienne Mr de Mendisquet Mr d'Undurain de Haux	129 :
	Monte le tout à la somme de	1399 :

« Reste avec une livre du principal et les quatre deniers par « livre pour le receveur 24 : 6s 8d.

« Mr de Bereterreche supplie Messieurs les deputez de luy taxer « son deffrais d'un voyage de Bourdeaux qu'il a fait pour le corps [5].

Plus loin se trouve la mention suivante :

« A quatre deniers par livres pour le receveur 23 : 06s 8d [6].

[1] 10 livres 15 sols.

[2] De Recart ou Derecart.

[3] De Roquein pour d'Arroquain sans doute.

[4] De Libarenx ?

[5] On a vu que le sieur de Bereterreche avait été député vers l'Intendant de Guyenne au sujet de la capitation dont s'agit.

[6] 4 deniers par livre sur 1399 livres, donnent exactement 23l 6s 4d.

VI.

Filiation des Berterêche.

1. *Pierre du Domec, écuyer*, épouse d^{lle} *Marie de Puyanne*, héritière de la maison noble de Bertereche de Menditte, dont il eut Charles, qui suit :

Contrat de mariage entre Pierre du Domec, écuyer, assisté de Me Arnaud d'Esponde [1], chanoine de l'église métropolitaine de St-André de Bordeaux, son oncle maternel, d'une part; et Marie de Puyanne, *damoiselle primogénite, héritière et successoresse de la maison noble de Bereterreche de Menditte et ses appartenances et dépendances*, assistée de Raymond de Puyanne, son père, et de Bertrande de la Salle, *damoiselle*, sa mère, seigneur et dame de la dite maison noble de Bereterreche, d'autre part.

Il a été accordé entre les parties que les enfants qui proviendront dudit mariage succéderont en la maison noble de Bereterreche suivant la coutume écrite et arrêtée du pays et vicomté de Soule, etc. « Et le tout ont confirmé par leur serment qu'ils « et chascun d'eux ont presté aux saincts Évangiles Nostre « Seigneur touchez de leurs mains dextres ainsi tenir et accom- « plir. »

Ce contrat fut fait et passé à Menditte, dans la maison de Bereterreche, le 1er juillet 1576, devant Me Jean d'Abadie, notaire, en présence de Pierre d'Olhassary d'Aroe, de Menault de Bereterreche sieur de Jaureguisahar, écuyers, de M. Gratian de Sartanchu, curé de Mauléon, et de Laurens de Bereterreche, curé de Menditte, temoins requis.

[1] D'Esponde ou de Sponde. De cette famille était *Eneco de Sponde*, conseiller secrétaire de la Reine de Navarre, qui fut père : 1° de *Jean de Sponde*, né à Mauléon en 1557, mort en 1595; il abjura le Calvinisme, fut lieutenant-général de la sénéchaussée de la Rochelle et maître des requêtes; il laissa une version latine d'*Homère* et des *Jours et Travaux d'Hésiode*. 2° et de *Henri de Sponde*, né en 1568, mort en 1643; filleul d'Henri de Navarre (Henri IV), il fut maître des requêtes, abjura en 1595, entra bientôt après dans les Ordres et devint évêque de Pamiers en 1626. On lui doit un *Epitome Annalium Ecclesiasticorum card. Baronii* et une continuation de ces annales, *Annalium Baronii continuatio*.

2. *Charles de Bereterreche de Menditte, écuyer*, sieur dudit lieu, épouse d^{lle} *Geronime de Poey* [1], dont est venu Laurent, qui suit.

Leur contrat de mariage du 12 février 1596, fut reçu par Me Jean de Rospide, notaire.

MM. de Menditte possèdent le contrat de mariage passé entre Me Tristan Dolhassary, notaire et tabellion royal au pays de Soule, assisté du sieur Joseph Dolhassary, bourgeois et jurat du bourg de Villeneuve les Tardets, son père, d'une part, et demoiselle Jeanne de Bereterreche ; Charles de Bereterreche de Menditte, écuyer, sieur dudit lieu, stipule audit contrat pour sa dite sœur, assisté de Me Pierre de Bereterreche, avocat, son frère. Il est fait mention de feue Léonor de Bereterreche, en son vivant femme dudit Joseph Dolhassary, et mère de Tristan.

Ce contrat fait et passé *au bout du pont de la ville de Mauléon*, dans la maison de Bures, le dernier jour du mois de mai 1613, d^{t} Me Larsun, notaire et tabellion royal.

A la suite est l'approbation dudit contrat donnée d^{t} le même notaire, le 28 juin de la même année, par Pierre du Domeq, écuyer, père desdits Charles et Jeanne de Bereterreche, en présence de Bernard du Domeq de Viudos.

3. — *Laurent de Bereterreche de Menditte, écuyer*, sieur dudit lieu, épouse d^{lle} *Marie du Martin.*

Contrat de mariage entre Laurens de Bereterreche, écuyer, sieur de la maison noble de Bereterreche de Menditte, assisté de Me Pierre de Bereterreche, prêtre, curé de Menditte, son frère germain, de nobles Claude de Saint Dos, sieur d'Orègue, et Tristan de Poey, ses oncles maternels, de Pierre, sieur jeune d'Orègue, son cousin germain, de Mr Arnaud de Bereterreche, avocat, son oncle paternel, de Pierre de Miguel et de Menaud de Chuhando, son cousin d'alliance, d'une part ; et Marie du Martin, *damoiselle,* fille d'Ancho d'Insaurspé et de Jeanne de Chabos, assistée d'eux et aussi de Monsr Me Dominique de Chabos, commandeur d'Ordiarp, son oncle maternel, d'Arnaud de Conget, chanoine de Sainte-Grâce et curé de Tardetz, Arnaud du Martin, chanoine d'Oléron, son frère, de

[1] *Aliàs* du Puy.

Pierre du Martin, sieur de la maison noble de la Salle de Sibas, son frère aîné, et d'autre Pierre du Martin, son frère puîné, de Domingo, sieur de Chabos, son oncle maternel, de monsieur Me Pierre de Conget, juge royal de Tardetz et Barcuix, d'Arnaud, sieur de Hegoburu, et de noble Arnaud de Jaureguiberry, d'autre part. Fait le 26 juillet 1643, en la maison de Martin, paroisse de Menditte, devant Me de Bonnecaze, notaire, et en présence de Me Menaud de Bereterreche, prêtre, et de Domingo, sieur d'Etchecopar de Viodos, témoin requis.

4. — *Charles de Bereterreche de Menditte, écuyer*, épouse demoiselle *Marguerite de Moignaud Arbide.*

Contrat de mariage du 18 mars 1671, entre Charles de Bereterreche de Menditte, écuyer, fils de Laurent de Bereterreche de Menditte, écuyer, et de feue damoiselle du Martin, son épouse, assisté dudit Laurent, son père, de Mr Pierre de Bereterreche, prêtre, curé de Menditte, son oncle, Mr Dominique de Bereterreche, écolier, son frère, d'une part; et damoiselle Marguerite de Moignaud Arbide, fille de feu noble Armand Moignaud Arbide et de damoiselle Marie de Conget, assistée de noble Jean-Joseph Moignaud Arbide, sieur de ladite maison noble d'Arbide, et y habitant, son frère, Mr Pierre de Conget, prêtre et chanoine de Sainte-Marie d'Oloron, son oncle, Mr Pierre de Garicoche, prêtre et curé de Trois-Villes, et de Pierre d'Irigaray d'Alçai, écuyer, ses parents, et de Mr Me Arnaud d'Abadie Costere, conseiller du roi et son procureur au pays de Soule. Ledit contrat passé dans la maison noble de la Salle Arbide de Gotein, signé *Bereterreche, nore royal.*

Charles de Bereterreche de Menditte fut capitaine des milices du pays de Soule.

En 1698 il présenta une requête au procureur du roy, près la Cour de Licharre pour qu'il lui fût délivré un certificat attestant l'ancienne noblesse de sa famille, dont son fils aîné, le chevalier de Bereterreche, lieutenant d'une compagnie franche à Saint-Domingue, pût se servir au besoin. Il présenta à cette occasion des titres authentiques établissant sa filiation depuis Pierre du Domec d'Ossas, écuyer, marié le 1er juillet 1576, à damoiselle Marie de Puyanne, héritière de la maison noble de Bereterreche de Menditte. Il produisit aussi plusieurs pièces, établissant sa descendance de la famille des Domec d'Ossas et leur ancienne noblesse, dont le plus ancien est un compromis passé le 2 février 1297 entre dame Marguerite, comtesse de Foix, d'une part, et dame Miramonde, vicomtesse de Mauléon, d'autre part, au sujet des frontières du pays de Béarn et de celui de Soule, dans lequel figure comme témoin parmi les gentilshommes de ce pays, *En Bernard*, seigneur de Domec d'Ossas. Il demanda aussi la preuve orale; et les sieurs de Belaspoey d'Arrocain et d'Arros, gentilshommes du pays certifièrent après serment la noblesse du requérant et de sa famille. Il lui fut en conséquence délivré l'attestation qu'il demandait « pour luy servir et valoir ce que de raison ensemble aud. « s^r^ son fils et à sa famille. »

5. — *Pierre de Bereterreche-Gestas, écuyer*, épousa d^lle^ *Anne d'Irixity*, d'Abense de Bas, sa parente, fille de Pierre d'Irixity et d'Anne de Poey, dont est venu le suivant.

6. — *Charles de Bereterreche-Gestas, écuyer*, devint sieur de la maison noble de Bereterreche de Menditte, par le décès arrivé en 1753, d'autre Charles de Bereterreche son cousin-germain, fils d'Armand-Jean et de Marie de Bachoué–Barraute, et petit-fils de Laurent de Bereterreche.

Il épousa, le 14 avril 1755, demoiselle *Antoinette d'Agest*, fille de Jean Cosme d'Agest, d'Oloron, et de Catherine de Dominé. (Contrat passé à Oloron d^t^ Me Jean de Couhitte, notaire.) D'eux est venu Marc–Charles, qui suit.

7. — *Marc–Charles de Bereterreche de Menditte* [1], écuyer, sieur dudit lieu, syndic général de la noblesse du pays et vicomté de Soule en 1789, épousa par contrat passé devant Me Trutat, notaire à Paris, en date du 12 juillet 1790, demoiselle *Marie-Jeanne-Pauline de Joantho*, fille de Jean-Pierre de Joantho du Jeant de Mignabure, payeur de rentes de l'Hôtel-de-Ville de Paris, et de Catherine-Françoise Jarday de Benjamin, son épouse. Ils eurent le suivant.

[1] Il fit partie de l'Assemblée de la noblesse du pays de Soule pour l'élection des députés aux Etats généraux de 1789 (Cat. de MM. de La Roque et Barthélemy). Il assista à *la Fédération* (14 juillet 1790) en qualité de député du district de Mauléon, ainsi que le constate un certificat qui lui fut délivré le 22 juillet 1790 par le maire de Paris.

8. — *Jacques-Théodore de Berterêche de Menditte*, né en 1792, fut juge de paix de Mauléon, et épousa d[lle] *Monique Darhanpé*, dont il eut :

1° *Marcelin*, marié à d[lle] *Élise Lavielle.*

2° *Théodore Grégoire*, marié le 30 août 1865 à demoiselle *Claire d'Arrocain de Garindein,* dont il a des enfants.

3° *Edouard*, percepteur à La Roche-en-Brenil (Côte-d'Or), marié le 19 septembre 1864 à demoiselle Marie-Jeanne-Angélique-Joséphine d'*Uhalt* [1], sa cousine-germaine, fille de Marie-Arnaud d'Uhalt et de Marie-Thérèze-Constance Darhanpé. Ils ont cinq enfants : a *Thérèse ;* b *Pierre ;* c *Charles* ; d *Jeanne ;* e *Marie.*

4° *Jean-Pierre*, marié en 1860 à demoiselle Celina *Estrampes.*

5° *Auguste*, marié à d[lle] N.

6° *Stéphanie*, mariée à Valentin Heguy, dont elle est veuve.

7° *Pauline*, religieuse dominicaine à Mauléon.

8° *Joséphine.*

Cette famille a eu des services militaires et un assez grand nombre de prêtres, curés et chanoines ; l'un d'eux fut syndic du clergé du pays de Soule. Ses autres alliances sont avec les d'Atcheco, d'Athagny, de Behere, de Behety, de Beloscar, de Casenave, d'Olhassary, d'Oyhenart de Tartas, d'Etcharry, de Payssas de Domec, etc.

Armes : *écartelé aux* 1 *et* 4 *d'azur à une couleuvre d'argent, qui*

[1] Cette famille est connue depuis Guilhem d'Uhalt, jurat de Villeneuve, près Tardets, lequel vivait en 1550, et mourut au mois de septembre 1599, comme on le voit par son épitaphe existant encore dans le cimetière de Tardets.

Bernard d'Uhalt, notaire royal, acquit par contrat du 4 novembre 1679 la *maison noble* de Rospide d'Aroue, et, suivant la coutume du pays de Soule, il devint ainsi *juge-jugeant,* fit partie des *Etats* et entra dans le corps de la noblesse. Son arrière petit-fils, *Jean-Pierre d'Uhalt,* vendit la *maison noble* de Rospide d'Aroue à Messire Jean-Pierre de Joantho, commissaire-secrétaire du Roi ; il épousa demoiselle *d'Irigaray d'Alçay,* dont il eut *Joseph d'Uhalt de Rospide,* écuyer, sieur desdits lieux d'Irigaray d'Alçay et de Casenave de Menditte ; celui-ci épousa par contrat du 9 juin 1790, demoiselle Madeleine-Françoise *de Joantho du Jeant,* fille de Jean-Pierre, écuyer, et de Catherine-Françoise de Jorday-Benjamin. Joseph d'Uhalt fut garde du corps de Charles IV, roi d'Espagne, et ensuite juge de paix de Tardets. Il eut de son mariage *Marie-Arnaud d'Uhalt,* qui épousa demoiselle Marie-Thérèse-Constance *Darhanpé,* dont la sœur fut femme du sieur de Menditte ; il en eut : 1° Jean-Baptiste d'Uhalt ; 2° Julie, mariée à N. Lafont ; 3° Marie, femme de N. d'Elissagaray ; 4° Joséphine, mariée à Edouard de Menditte.

Armes : D'Azur à une face d'or accompagnée en chef d'un croissant d'argent les pointes tournées à dextre, et en pointe d'une couleuvre posée en anneau et se mordant la queue.

est de Beretereche de Mendittc; et aux 2 et 3 d'or à un dragon ailé de sinople, qui est du Domec d'Ossas.

VII.

Description de quelques cachets armoriés conservés dans la correspondance de MM. de Menditte, au XVIIIe *siècle.*

D'ABBADIE. — Pau, 21 mai 1792. — Armes : *Écartelé au 1er d'azur à un oiseau; au 2e un arbre et un animal passant au pied sur une terrasse; le 3e quartier est effacé; le 4e de gueules à trois pièces posées, 2 et 1, petites et peut-être rondes.* Couronne.

BACHOUÉ DE BARAUTE. — Lettre datée de Sauveterre, 21 mai 1745. — Armes : *Trois flèches posées en barre.* Couronne de marquis.

Cette lettre est adressée à M. de Menditte, écuier, à Menditte ; c'est un de ses cousins; j'y remarque le passage suivant : « Les de- « moiselles qui ont vingt mille livres de légitime sont très-rares, et « vous me permettrois de vous dire qu'il n'y a aucun jentilhomme « dans votre pais qui puisse prétendre 20 mille livres à moins qu'elles « n'oyent de latrés de loiseau ailleurs... »

BACHOUÉ-BARRAUTE. — Barraute, 22 août 1747. — Armes : *Trois lévriers courant l'un sur l'autre.* Couronne de marquis.

BERTRECHE (*sic*), prieur. — Pau, 29 août 1744. Cette lettre est adressée à son neveu, M. de Bertreche-Menditte. — Armes : *Écartelé*; *au 1er d'azur à un oiseau tourné à senestre; au 2e de gueules à un arbre au pied duquel passe un animal sur une terrasse; au 3e une croix alezée croisetée; au 4e trois pièces qui paraissent être rondes, posées 2 et 1.* Couronne de comte.

ÇARO. — Alçay, 21 août 1747. Adressée à M. de Beretereche, capitaine du détachement à *Navarrins.* — Armes : *Parti au 1er une épée en pal, la garde en haut; au 2e coupé au 1er une étoile en chef et un croissant en pointe, et au 2e deux fasces.* L'écu sommé d'un casque de front orné de lambrequins.

CASANEAU. — Pau, 29 juin 1726. Adressée à M. de Bereterreche, écuyer et potestat, à Menditte, en Soule. — Armes : *Trois annelets.* L'écu sommé d'un casque.

CHARRITTE. — Pau, 21 juillet 1749. A M. de Bertereche, potestat du pays de Soule, à Menditte. — Armes : *D'azur à trois épées en pal, la pointe trèflée, celle du milieu a la garde en bas, les deux autres en haut.* Couronne de marquis. Le tout posé sur un manteau sommé d'une toque.

Clergat, prêtre. — Paris, 9 février 1789. A madame de Menditte, à Oloron, en Béarn. — Armes : *Un lion.* — Couronne de comte.

En post-scriptum : « Les lettres de convocation ont été envoyées dans lės provinces; il y a apparence qu'une partie des béarnais se réunira au sénéchal d'Oloron pour la nomination des députés. Les états-généraux doivent être réunis le 27 avril à Versailles. »

Dandoin Charritte (Mme). — Sans date. — *Deux écus ovales accolés, le 1er d'azur à ..... ; le 2e écartelé : le 1er et le 4e quartier de sinople à .....; le 2e et le 3e de gueules à .....* Couronne de marquis, supports : deux lions.

Dadaup. — Au parc du roi, de la marine, 15 août 1744. — armes : *Une barre chargée de trois besants et accompagnée de deux croissants, un en chef et un en pointe; un chef chargé de trois besants.* Couronne à sept perles.

Deharan d'Abbadie. — Pau, 28 novembre 1778. — *Deux écus accolés; le 1er écartelé, au 1er un oiseau tourné à senestre, les 2, 3 et 4 q.* comme il est dit plus haut pour le sieur Bertreche, prieur, qui semble d'ailleurs s'être servi du cachet de la famille d'Abbadie (voir aussi ce nom). *Le 2e écu est parti, au 1er une croix cantonnée de 4 molettes ? et au 2e un oiseau paraissant tenir quelque chose entre ses pattes.* Couronne de marquis.

Doihenart ou Doihinart. — Saint-Palais, 10 avril 1752. — Armes : *Écartelé, au 1er et 4e, de gueules à deux clefs en sautoir ; au 2 et 3 d'azur à une tour de .....* — Couronne de marquis. Supports : deux lions.

Duvergier de Belay. — Bayonne, 14 mai 1743. — Armes : *D'or à trois pals d'azur, à un chef chargé de trois mouchetures d'hermines.* Couronne de comte. Supports : deux lions.

Lamotte Dincamps, fils. — Sans date. — Armes : *Une vache passant sur une terrasse, et un chef chargé d'un lambel.* Couronne de comte.

Leyrade. — Saint-Palais, 9 avril 1746. — Armes : *Trois épées en pal, celle du milieu la pointe en haut, les deux autres en bas.* Couronne de comte. Supports : deux lions.

MONEINS. — Gotein, 1691. — Armes : *Une croix, un lion en cœur, à droite et à gauche duquel, sur les bras de la croix, sont deux dragons tournés vers le centre de l'écu.* Tenants : deux sauvages. Couronne effacée en partie ; il n'en reste que le cercle.

Une lettre du même, datée de Larrau, 18 juillet 1691, était scellée d'un cachet portant des armes *parti, au 1er une épée la pointe en bas ; au 2e un croissant en chef et ..... en pointe.* L'écu timbré d'un casque de face orné de lambrequins.

PONBIDAN DE RUTHIE (Mme). — Auserucq, 13 mars 1750. — Deux écus accolés : *le 1er (d'or) à un chêne fruité à dextre et un ours passant sur une terrasse ; le 2e porte un arbre au milieu, un lion léopardé traversant au pied sur une terrasse, et un chef chargé de trois étoiles.* Couronne de marquis.

PREGNY (le chevalier de). — Navareinx, 15 mai 1751. — Armes : *Un arbre.* Tenants : deux hercules. Couronne de comte.

RUTHIE. — Aussuruq, 11 octobre 1747. — Armes : *Un chêne fruité à dextre, et un ours passant sur une terrasse.* Couronne de marquis.

SAUGUIS (l'abbé de). — *Écartelé : au 1er un arbre et un animal passant au pied sur une terrasse ; au 2e deux animaux passant l'un sur l'autre ; au 3e un arbre et un animal passant au pied ; au 4e échiqueté ; sur le tout un lion.*

D'UHART[1]. — Armes : *(d'or) à trois tourteaux de gueules, chargés chacun d'un croissant.* Couronne de comte.

[1] Le marquis Duhart, capitaine de dragons, fut député de la noblesse du pays de Soule aux Etats généraux de 1789.

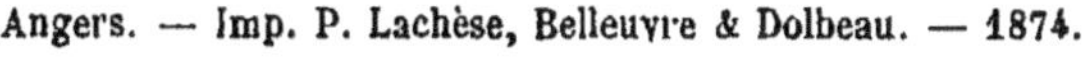

Angers. — Imp. P. Lachèse, Belleuvre & Dolbeau. — 1874.

www.ingramcontent.com/pod-product-compliance
Lightning Source LLC
LaVergne TN
LVHW020511230826
846091LV00008BA/3453

* 9 7 8 2 0 1 3 5 9 9 7 8 8 *